小太陽 奇遇探險王 天災警報 系列

流行病篇
喪屍圍城

目錄

一探究竟

「阿嚏！」看到身邊的人打了個噴嚏，你是不是會趕快掩鼻離開，因為深怕會被感染流行病！

流行病是指能在短時間內廣泛蔓延的傳染病，可能只在某地區發生，亦可能是全球性的大流行。歷史上，最嚴重的流行病之一是於1918年至1920年期間爆發的全球性A型H1N1流感疫潮，這是由一種稱為「西班牙型流行性感冒」（Spanish Flu）所引起的傳染病。當時世界人口為17億人，但受感染的人數已高達5億，造成1億人死亡。

顯微鏡底下的A型H1N1流感病毒

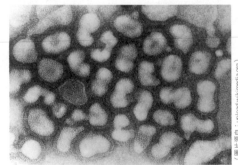

2015年，一種被稱為茲卡病毒（Zika Virus）的傳染病在巴西爆發，並在美洲逾13個國家迅速傳染。這種病毒透過斑蚊傳染，受感染的孕婦會把病毒傳染給胎兒，出生的胎兒有可能患上小頭症，發育不健全，更有可能夭折。

流行病可怕之處

傳染性高

擁有潛伏期及傳染性高,多數受感染的患者無法在第一時間得知自己患病而繼續與人群接觸,導致受感染的人數攀升。

致命

流行病病毒可導致死亡,兒童、老人及抵抗力弱的人更是高危族群。

經濟受影響

以2002年香港爆發嚴重急性呼吸系統症候群——SARS為例,當時香港旅遊業一片蕭條,導致當地旅遊業損失慘重。

家破人亡

1999年,首次在世界上出現的「立百腦炎」(Nipah Encephalitis)肆虐馬來西亞森美蘭州的立百村,造成逾百人死亡。居民不僅痛失家人,有人更因為擔心受感染,被逼棄家而逃,造成整個疫區猶如一座死城。

流行病可透過動物傳染給人類,再透過空氣、唾液、排泄物、血液及與病患接觸等方式在人與人之間傳開。遇上防不勝防的流行病,小太陽將如何躲過這一劫呢?

角色介紹

個性

非常有時間觀念，急躁，愛催促大隊。

超能力

一部時光機，能控制時間，不但能回到過去，穿梭到未來，還能讓時間停止。

個性

自我感覺良好，總覺得自己是高水準動物。

超能力

身體裡面的魚是思維的控制中心。模仿能力很強，可以變成任何物體。遇到險境時，是隊裡的逃難救星。

咚咚

圓圓

苗苗

大陽

小陽

個性

比較害羞和溫順，是善良可愛的小植物精靈。

超能力

不斷地向它澆水會變得非常巨大。在遇到頑敵時，是小太陽隊裡的殺手鐧。

個性

聰慧冷靜，反應敏捷，脾氣溫順，但囉唆愛嘮叨。

超能力

體內充滿太陽能，能發電，具有讓生物復活的特異能力。

個性

急性子，迷糊。平日好玩，常自作聰明，好奇心重，但本性善良，視大陽為偶像。

超能力

太生氣時，頭上會射出高能量的藍火焰。藍火焰會將周圍的東西燒焦。

INFECTION

老大
(Boss)
B 國難民們的領袖，
外表凶惡但心地善良，
致力於尋找疫苗救治
患病的難民。

康詠
(Kevin)
老大的好幫手，性格驕
橫但極為疼愛妹妹，為
了親人甘於犧牲自己。

漢典醫生
(Dr. Hank)
病毒的開發者之一，
病毒爆發之後成為了
處理這一場災難的總
負責人。

西娣兒
(Dee)
康詠的妹妹，
個性溫柔，和
康詠形成強烈
的反差。

第一章
「水鬼」出現了！

A國某城市

咳咳！

孩子，快扶你爸爸到一邊休息。

爸爸，你沒事吧？

不……繼續走吧……這裡太多人了……要是被人發現我們是難民就糟糕了……

呃……好吧……

太好了，你沒事！

謝謝您救了我的孩子！

再見！

舔

丟

顛抖

小弟弟，上車要
先付車費唷。

啊！

哇啊……故事裡的水鬼好可怕……

A國境內的森林面積廣闊，空氣清新，湖水清澈見底，是個遊玩的好地方……

看起來好像很不錯唷，大陽我們到那裡去玩好不好呀？

那還等什麼？我們這就出發吧！

好！

17

圓圓，我們到湖裡去游泳吧！

哼！這回休想再丟下我了！

咦，圓圓，你怎麼還不下水呀？

嗚嗚嗚，早知道剛才就不要看《水鬼》的故事了，害我現在還在怕……

哈哈，別鬧了啦小陽！

咦？這是什麼！

難……難道真的是水鬼！

拜託，湖裡怎麼會有水鬼呢？那只是一條魚罷了。

真的只是一條魚嗎？

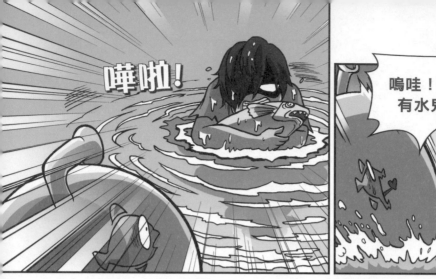

嘩啦！

嗚哇！明明就有水鬼啦！

那是什麼人啊？

圓圓！你沒事吧！

你別跑，竟然嚇唬圓圓，我要教訓你！

咚咚，你留下來照顧圓圓，我去追小陽。

小陽！你在哪兒？

趁還沒被人發現之前，我們趕緊撤回營地！

康詠，要怎麼處置這兩個傢伙？

將他們綁起來帶回營地，免得洩露了我們的行蹤。

是！

天災常識

病魔來襲

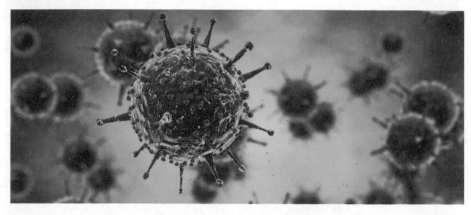

流行病（Epidemic）的真正定義在於疾病傳染的速度。

流行病的特徵

有病原體

每一種流行病都由其特異的病原體引起，包括微生物（細菌、病毒等）或寄生蟲。

伊波拉病毒（Ebola Virus）

（圖片源自：er.wikipedia.org）

傳染性

病原體能透過各種途徑傳染給其他人。

按照流行病的廣度和強度分為四個階段：

階段	特徵
1. 散發	疾病在人群中發生。
2. 流行	在某一時期內，某種疾病的發病率超出了歷年的水準。
3. 大流行	某種疾病在短時間內迅速傳播和蔓延。
4. 暴發	在某一個地區，短期內突然出現眾多病人感染同一種疾病。

INFECTION

地方性
一些傳染病或寄生蟲病，其宿主依賴特定的地理或氣溫條件，局限於一定的地理範圍內發生。如：蟲媒傳染病。

登革熱（Dengue Fever）是蟲媒傳染病的一種

季節性
一些疾病的發病率會在某個季節突然升高，這與氣溫和濕度有關。

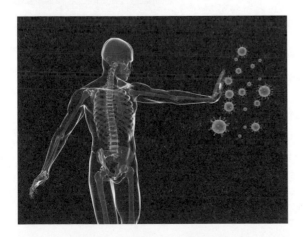

免疫性
傳染病病患痊癒後，人體不會對同一種傳染病病原體產生感受性，也就表示不會再次感染，這稱為免疫。

第二章
山洞裡的怪聲

睜眼

嗚哇啊啊啊！

嗯？

劈啪！

劈啪！

大陽，你説他們把我們綁起來幹什麼呀？

我怎麼知道。

莫非……他們打算把我們烤來吃掉！

不要啊啊啊！

我説，你們安靜點行不行？

你到底是誰？抓我們幹什麼！

我才要問你們是誰？跟蹤我們幹什麼！

嗯？

這……這是什麼聲音？

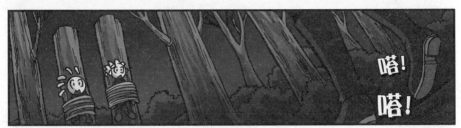

嗒！

嗒！

啊剎！

不要殺我們！我們不想死啊！

哇啊！

來，這些烤魚給你們吃。

我只是來幫你們脫綁的，嚇著你們了⋯⋯

謝謝你的烤魚唷。你們到底是誰啊？

我叫做西娣兒。我們是B國的難民，因為爆發戰爭，我們只能潛入A國境內避難。

剛才康詠哥哥是怕你們洩露我們的行蹤，才會把你們綁起來，請見諒。

那個凶巴巴的男生是你哥哥？你這麼溫柔，跟他一點也不像！

沒有啦⋯⋯

話說，你知道是什麼東西在山洞裡發出怪聲嗎？

我只知道裡頭有一個大籠子，籠子裡裝了什麼我就不知道了。老大警告我們千萬不能到山洞裡面去。

西娣兒，你跟他們倆說這麼多幹什麼。

呃！

既然你們對山洞這麼好奇，那就讓你們親自進去看看好了！

哥哥！

不要啊！

唉唷！

可惡，真是個野蠻人！

小陽，你看看周圍！

我不知道啦！我怕黑，我要出去！

山洞裡頭真暗。小陽，小心點！

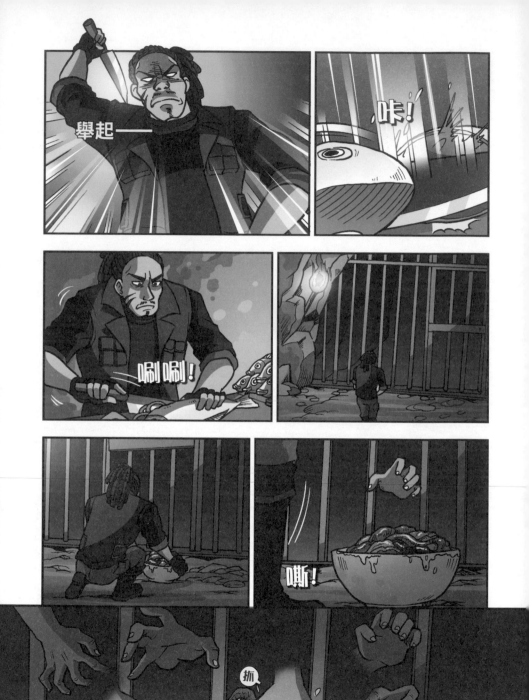

清晨

往射

老大，山洞裡的人怎麼會變成那樣了？

好吧，我實話實說，他們都是生病了的難民。

他們的樣子看上去都病得不輕，應該找醫生來看看不是嗎？

什麼！

小陽，老大他原本就是位醫生唷。

可是如果只是生病的話，不可能變成那樣的吧？他們到底得了什麼病？

他們感染的病毒，不是目前世上已知的任何一種病毒……

我也不清楚他們患了什麼病，目前只能幫他們壓制病情，而且我在抽取樣本化驗之後發現……

起初我以為給大嬸服用抗生素就會痊癒了。但幾日後，大嬸的病情依然不見起色，還變本加厲。

接著，營內陸續傳來難民患病的消息。我原本打算要求A國政府協助我們，但A國政府認為是B國企圖透過我們將病菌傳染到A國境內，因此把我們隔離起來，任我們自生自滅。

很可能有一天，我們也會被感染，變得和他們一樣！

這可是人命關天的事情。A國政府怎麼可以這麼自私！

所以現在對於同伴們的病情，我也無能為力。

西娣兒別這樣，我們一定會沒事的。

對呀，我們一定會想辦法幫助你們的。

唉，想不到躲過了戰亂，又遇上了病毒危機，真是禍不單行。

當務之急，我們現在得先盡力防止病毒擴散，再想辦法治療被感染的難民們。

一旦發現新型流行病，一定要馬上採取3大步驟！

第一：控制傳染源。將病源或病人與人群進行隔離，防止病原體向外擴散。

第二：切斷傳播途徑。汙染了病原體的房間或用具要充分消毒，人們也要注意勤洗手，戴口罩，煮熟吃的肉。

第三：保護易感人群，研製預防性疫苗給易感人群接種疫苗。

很顯然，這裡的醫療設備和環境條件都不達標！

這樣下去，我們根本無法治療山洞裡的病人……

對了，我們昨天飛來玩時，我看到附近的鎮上有一座醫院唷。

真的？太好了，我們可以嘗試到那兒去求助！

嗯……

老大，明天你和我們到鎮上去吧，這也許是拯救難民的唯一方法了！

這也許是個方法……明白了，我們準備、準備，明早就出發！

我說……你們是不是忘了我呀？

太棒了！

無所不在

流行病大多都是傳染病，其最大的特點是傳染性強，傳播方式廣。

傳染病傳播方式

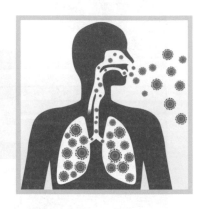

空氣
有些病原體能在空氣中自由浮動，透過呼吸系統造成感染。

飛沫
病原體附在患者的唾液上，經由咳嗽、打噴嚏或説話時傳播，感染附近的人。

接觸
直接觸摸患者或與患者共用貼身用品，如牙刷、毛巾、餐具和衣物等。

垂直
受感染的母親會透過胎盤把疾病傳染給胎兒。在少數情況下，哺乳時病原體會透過乳汁的分泌感染嬰兒。

血液
主要透過血液和傷口將疾病從一個人傳染到另一個人身上，常見於醫療疏失或共用針頭。

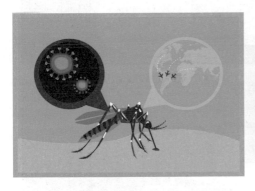

蟲媒
蚊子是常見的病原體傳播媒介，透過叮咬人類和動物傳播疾病，例如：茲卡病毒（Zika Virus）。

其實，流行病的傳播途徑多不勝數，以上所列出的只是一小部分例子。流行病可說是無處不在，所以我們一定要隨時提高警惕。

第三章
全城戒備

奇怪了，怎麼周圍一個人也沒有呀。

總感覺有點不妥，我們還是小心一點。

站住，別想逃！

這樣帶著他逃走不是辦法，那些士兵早晚會追上來的。

那怎麼辦！

有什麼發現嗎？

應該不在這一邊，快到另一邊搜搜看。

總算擺脫追兵了，我們快趁機逃走吧！

呼！真是好險！

別說廢話了，先給我下來，我撐不住了……

這裡到底是什麼地方呀？

檢驗中心大廳

裡面好多人啊！

嗯……

通過。

通過。

檢驗不通過，你必須接受隔離！

放開我！我不要被隔離啊！

請問我們來這裡要做什麼呀？

當然是讓你們做身體檢查啊！你還沒搞清楚狀況嗎？

哇，那麼大聲幹嘛？

啪！

走開！離我遠一點!

那些人的臉色看起來很不對勁，好像世界末日就快降臨了……

嗚嗚……

下一位。

喀啦！

哇啊啊！

啊叫

啊！

這症狀……和難民營裡的同伴一模一樣！

老大，你還好嗎？

啊？

你們想幹什麼？

我們幫了你們，你們還想怎樣？我受夠了！

撿起

這藥劑……

老大，他們把我們帶進來幹什麼？

我也不清楚。

別急，我沒有任何惡意。

我檢查過你給感染者注射的藥劑，竟然有紓緩病情惡化的效果。你們到底是什麼人？

我是B國難民營的醫生，最近B國難民營內爆發了一種新型傳染病，而剛才那個病人的症狀和感染了這種新型傳染病的病人的症狀很相似。

因此我就給他注射了我所研發的病毒抑制劑。

可是抑制劑只能防止病毒擴散，卻無法根除。我們只能寄望於鎮上醫院的協助，但希望渺茫，除非A國政府派人協助應對……

55

我就是應對這場病毒感染的總負責人。

漢典醫生
權威科學家

真的嗎？那您能幫助我們研發解藥嗎？

要是有您的幫忙，我的同伴們就有救了⋯⋯

很遺憾，事情沒有你想的這麼樂觀，而且我必須和你們說聲抱歉⋯⋯

啊？

我叫漢典，是A國的一名科學家。A國政府為了研發出增強士兵體能的強化藥劑，派遣我和一眾科學家祕密潛入B國境內，一邊實驗，一邊開發藥劑，供前線的軍隊使用。

嗷嗚……

好恐怖……

這種病毒最可怕的地方是可透過空氣、口沫、接觸和食用受汙染物傳播,感染途徑實在太多了,完全是防不勝防。

第一階段時，感染者就只是像患上普通感冒般。第二階段，感染者開始神智不清，具有攻擊性。

而第三階段，我們稱之為「鼠人」。

第三階段的感染者會獸化成老鼠般，身體變得壯大，全身長滿毛髮，到處攻擊人類，如果給牠咬到，病毒進入血液，甚至會直接變成鼠人！

什麼？感染病毒竟然還會讓人獸化！

糟了，營地的人有危險！

我們快回去看看！

劈啪

喀啦！

哈啊……

唰！

全城戒備

台灣「傳染病防治法」依致死率、發生率及傳播速度等危害風險程度高低將傳染病分為五大類。主管機關對於傳染病病人之處置措施如下：

類型	傳染病名稱	防疫規定
第一類法定傳染病	天花、鼠疫、嚴重急性呼吸道症候群（SARS）、狂犬病	患者確診24小時內需通報主管機關，並應於指定隔離治療機構施行隔離治療。
第二類法定傳染病	猴痘、登革熱、小兒麻痺症、麻疹、德國麻疹、瘧疾、傷寒、白喉等22種。	患者確診24小時內需通報主管機關，必要時得於指定隔離治療機構施行隔離治療。
第三類法定傳染病	急性病毒性B型肝炎、急性病毒性C型肝炎、日本腦炎、腸病毒感染併發重症、破傷風、百日咳、退伍軍人病等20種。	患者確診一周內需通報主管機關，必要時得於指定隔離治療機構施行隔離治療。
第四類法定傳染病	指前三類以外，經衛福部認有監視疫情發生或施行防治必要的已知傳染病或症候群，包括李斯特菌症、水痘併發症、恙蟲病、萊姆病、鉤端螺旋體病、兔熱病、流感併發重症等，以及2023年5月1日起從第五類降為第四類的嚴重特殊傳染性肺炎（新冠肺炎）共17種。	報告期限、防治措施依中央主管機關公告。
第五類法定傳染病	指前四類以外，經衛福部認定，該傳染病之流行可能對國民健康造成影響，有建立防治對策或準備計畫的必要，包含新型A型流感、黃熱病、中東呼吸症候群冠狀病毒感染症、伊波拉病毒感染等7種。	報告期限、防治措施依中央主管機關公告。

世界衛生組織將流感大流行警戒級別分為 6 級。

	警戒級別	說明
防範階段	第 1 級	沒有報告顯示動物（尤其是鳥類）流行的疾病會感染人類。
	第 2 級	家禽或動物流感病毒曾引發人類感染，有潛在的大流行威脅。
	第 3 級	動物流感或人和動物混合病毒，引發了小規模疫情。但不容易傳播。
需作出反應與緩解措施	第 4 級	新病毒引發疫情持續暴發，且會變異，在人群中擴散。
	第 5 級	病毒已經在至少兩個國家的人群中傳播，第5級是個強烈的警戒階段。
	第 6 級	在世界至少兩個地區內暴發了疾病。宣布此階段正發生全球流感大流行。

小知識

世界衛生組織是國際最大的公共衛生組織，總部設於瑞士日內瓦，屬於聯合國屬下的專門機構。

世界衛生組織六個區域：

● 非洲區域：
　總部設於剛果共和國首都布拉柴維爾。

● 泛美衛生組織：
　總部設於美國首都華盛頓。

● 東地中海區域：
　總部設於埃及首都開羅。

● 歐洲區域：
　總部設於丹麥首都哥本哈根。

● 東南亞區域：
　總部設於印度首都新德里。

● 西太平洋區域：
　總部設於菲律賓首都馬尼拉。

第四章
異變爆發

小太陽出發到
市鎮前。

各位，預防受感染
必須要記住以下
幾點：

避免與感染者
接觸，接觸後要
全面消毒。

注意個人衛
生，經常
洗手。

咳嗽或打噴嚏時
用紙巾遮住口鼻，然後
將紙巾丟進
垃圾桶。

正確使用和
處理口罩，各位
記住了嗎？

1.避免與感染者接觸，接觸後要全面消毒。
2.注意個人衛生，經常洗手。
3.咳嗽或打噴嚏時用紙巾遮住口鼻，然後將紙巾丟進垃圾桶。
4.正確使用和處理口罩。

發嫂，放心吧。老大他們一定能找到疫苗來治好你們的。

噢······

烤好了！來，快趁熱吃吧！

嗅一嗅

吼！

啪！

哎呀，發嫂，你這樣也太浪費了！

嗚……

啪！

啊，發嫂！

發嫂，你沒事吧？

吼喔喔！

小心！

砰！

你們這班怪物！

吃我一槍！

別理我，你快逃！

哥哥！

嗚！

踢—

可惡……

傷口太深了，子彈也耗盡了……

太好了！

嗒！

哥，我沒事！

哈啊啊……

別……別過來！

糟了，必須
快想辦法！

西娣兒，
抱緊樹幹！

砰！

瞪

77

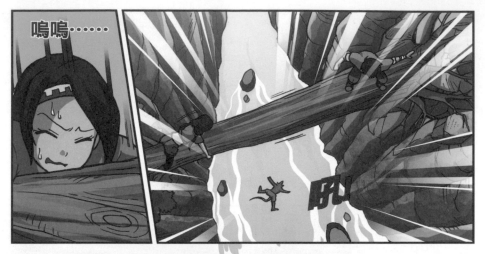

天災常識

聞風喪膽

過去，世界各地曾爆發了許多奪取人命的流行病，對當時的社會、經濟和文化產生了巨大的影響。

天花 (Smallpox)

天花距今至少有3000年的歷史了，是一種由天花病毒引起的烈性傳染病。整個18世紀歐洲人死於天花的總數，約在1.5億人以上。1980年，世界衛生組織宣布天花病毒已被撲滅，天花病毒在世上絕跡。

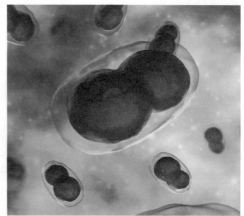

天花病菌

西班牙流感 (Spanish Flu)

1918年，第一次世界大戰結束後，一種稱為西班牙流感的新型疾病出現了。這場災難在幾個月內帶走了2000萬人的生命，估計全球範圍內有5000萬到1億人死於此疫。這場流感被認為是人類史上較為嚴重的流行病之一。

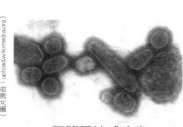

（圖片源自：upload.wikimedia.org）

西班牙流感病毒

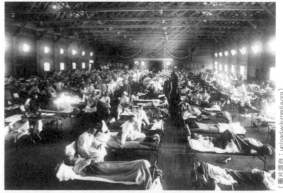

（圖片源自：upload.wikimedia.org）

住滿了西班牙流感患者的美軍野戰醫院

黑死病（Plague）

黑死病是人類歷史上最可怕的傳染病。1348年的歐洲，有一半人死於黑死病。黑死病沿著戰爭和貿易的路線不斷傳染開來，沿途的城市和鄉村完全毀滅，全球的政治、經濟受到致命性打擊。

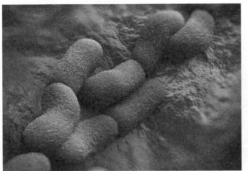

黑死病細菌

鳥嘴醫生

（圖片源自：img1.letsystatic.com）

在黑死病肆虐時期，醫師帶著具有防傳染功能的鳥喙狀面具，在歐洲各地專門醫治患者，因此被稱為「鳥嘴醫生」。

霍亂（Cholera）

在19世紀，商人在各地進行貿易，霍亂病毒也隨著他們進入了中國、日本、北非、中東和非洲的一些城市。六次大規模霍亂爆發，奪取了數百萬人的生命。1961年，一種新型霍亂在印尼爆發。1991年，30萬人感染了新型霍亂，4000人被奪去生命。

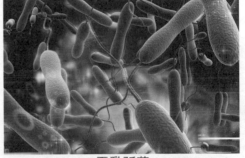

霍亂弧菌

霍亂是因攝入的食物或水受到霍亂弧菌汙染而引起的一種急性腹瀉性感染病。如果沒有及時治療，數小時內可能喪命。

第五章
城市大逃亡！

呼！呼！

不知道營地
怎樣了？

砰！

嗯？

怎麼回
事？

砰！

哇啊啊！快逃啊！

怪物啊！

太棒了！我拍到怪物吃人的畫面！

等下放上臉書，一定能得到很多讚……

那我就紅了！

哇啊！看過來了！

不是吧，一被咬到就變成鼠人了！

救命啊！

那個人也變成鼠人了！

還愣著幹什麼，快跑啊！

咦……

呃……

電影裡的殭屍不是都
跑得很慢的嗎？
他們怎麼跑得
這麼快！

別廢話啦！
快跑啊！

這裡還
有人！

糟了！我們
引來了很多
感染者，會
連累他們的！

喂！你們快逃啊！快回
到屋裡去啊！

嗯……

怎麼辦，外面這麼多鼠人，我們逃不掉了啦！

不如這樣吧，我現在到外頭去引開他們，你們找機會回到營地去。

可是老大，這樣你會很危險啊……

喂！看這裡！來抓我呀！

沒問題，我可是你們的老人哦！

89

別看這邊……
別看這邊……

呼！

嗅嗅

看樣子，
不引開牠的
話，就別想
出去了。

大陽，小心
呀！

知道
啦……

吼！

90

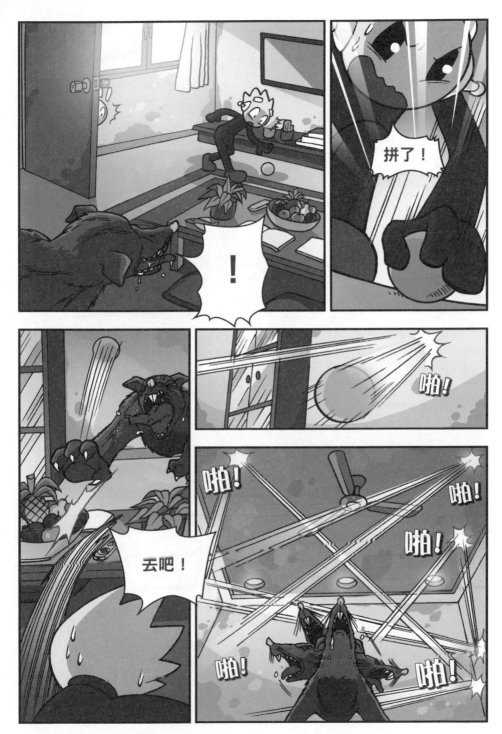

91

後患無窮

流行病伴隨著人類文明進程而來，並對人類產生深刻的影響，甚至比戰爭、暴動的影響還要猛烈。

對社會

流行病讓整個社會陷入極度恐慌，社會心理容易出現崩潰，並摧毀社會道德和人性良知，使人們無法和平共處。

對經濟

致命性流行病的來襲，摧毀了人們的身體，使人們失去工作能力，國家的人力資源也大大減少。

對文化

流行病的入侵會改變一個族群的價值觀，對原有的文化產生重大的影響。歐洲流行病進入北美洲，使北美印第安人陷入了一種宿命論和悲觀主義，還改變了印第安人的部落社會組織和權力結構體系。

如果流感大流行漸趨嚴重和廣泛，預計可能會出現以下情況：

疫苗以及用於治療繼發性感染的抗病毒藥物和抗生素需求量很高，可能會供不應求。

醫療設施面臨壓力，不但需要治療流行病患者，同時也需要治療非流行病患者。

1918～1919年流感大流行是20世紀最嚴重的大流感疫情，估計世界各地約有4千萬至5千萬人喪生。目前，根據現有流行病學模型預測，大流行可導致全球200萬至740萬人死亡。

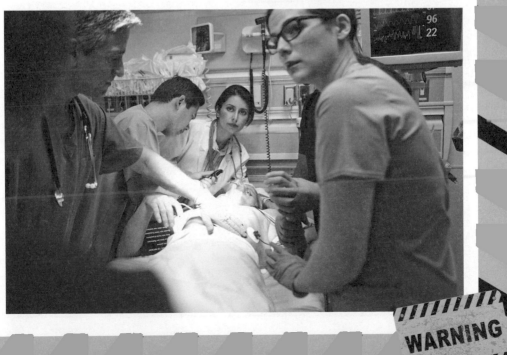

第六章
憤怒的報復

哥，我好害怕……

沙——

外面有東西在接近。

噓……不要出聲。

山洞裡的病人突然變成了怪物，毀了籠子逃出來到處咬人！我們在被他們追趕時掉下懸崖，幸好圓圓及時救了我們。

圓圓？

圓圓是大陽和小陽的夥伴。他把我們藏在這個樹洞後，便出發去找你們回來幫忙了。

如果不是他，現在你可能沒機會和我們倆說話了⋯⋯

康詠，你受傷了？

傷口好深！

暈

哥哥！哥哥！

呼哈ㅇㅇㅇㅇㅇㅇ

呼哈ㅇㅇㅇㅇㅇㅇ

不行，我們根本跑不過他們！

讓我來吧！

看火！

咦？奏效了！

圓圓超人駕到！

是圓圓！

滴

苗苗，你也出來了！

沙——

是老大和西娣兒他們！

嗯，大家暫時都安全了。

老大你沒事真的太好了。

可是康詠哥哥感染了病青，我們得馬上回研究所尋求幫忙！

什麼？

沒用了，我的身體已經支撐不到了……

這可難說唷！

圓圓再次變身！

我們這就出發去找漢典醫生！

可惡，這裡遲早也
會被攻破的，希望
外頭的救援部隊還
活著吧……

請您想辦
法逃到天
台，直升
機已經
抵達！

知道了！

漢典醫生，
等等我啊！

荒謬！救援怎麼可以如此分階級對待！

你害得整個城鎮的人都被病毒感染了，你也親自嘗嘗被感染的滋味吧！

住手！

砰！

啊！

咻！

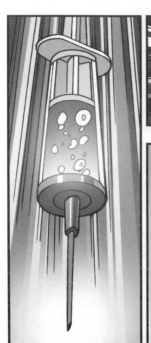

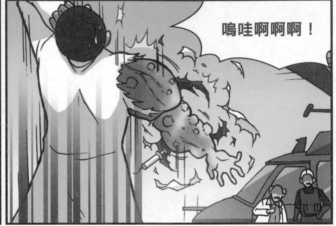

天災常識 國家方針

流行病對人類而言是致命性的災害之一，因此，政府機構、研究專家和醫療人員都肩負著保衛人類的重大責任。

要有效地預防流行病，就必須從以下幾項基本條件著手。

控制傳染源

病原攜帶者分為**人類傳染源**和**動物傳染源**。

人類傳染源

一旦診斷出某一個人是病原攜帶者，當局就必須立刻將他暫時與其他人隔離，並提供妥善的隔離位置、治療和護理。

動物傳染源

動物傳染源帶來的風險極高，一旦確認傳染源，當局必須立刻採取隔離或滅殺的措施。

切斷傳播途徑

主要方式在於阻斷、消毒和消滅傳播媒介。例如在蟲媒傳染病傳播季節採取防蚊和防蟲措施等。

保護易感人群

疫苗接種

注射預防性疫苗使人類對特定的疾病有相應的免疫能力。例如在嬰兒出生後計劃性地接種各種疫苗。

藥物預防

目前為止，有些仍沒有疫苗接種的傳染病，可透過服用藥物進行預防。如瘧疾，可口服乙胺（ㄢ）嘧（ㄇㄧ、）啶（ㄉㄧㄥ、）來預防。

健康教育

政府機構須時刻向民眾灌輸健康教育知識，例如在學校把健康教育納入教學，向學生宣導保持個人衛生和健康的知識，以達到全民一起抵抗流行病的作用。

第七章
絕望的轉機

哇啊！

只靠圓圓他們果然打不贏……

呃！大陽，你看康詠！

康詠哥哥！

西娣兒，離康詠遠一點！

嘶

哥……哥哥……

砰!

康詠！

康詠還活著！

康詠變回人類了！

說不定他的血液裡有病毒的抗體！

請注意，我們將在五秒後投下炸彈，炸毀這座城市，以免疫情擴散。五、四……

什麼！

不要投啊！

疫情已受到控制了！

完了……

謝謝你們救了我，A國的這場災難終於要結束了。

還沒呢！接下來我們還得回國拯救我們B國的國民。

抱歉，若不是因為我們，你們國家也不會被感染病禍害。

125

以身作則

所謂「預防勝於治療」，要有效預防感染流行病，我們必須負起責任，照顧好自己的身體。

生活要有**規律**，妥善安排**足夠的睡眠**和**休息時間**，避免操勞過度而造成免疫力下降。

時刻注意**飲食衛生**，不吃汙染的食物，且多喝水以幫助排毒。

養成良好的**衛生習慣**，吃飯前和如廁後，都應該洗手。外出返家後應更衣洗澡，避免把病毒帶回家中。

定時打開門窗，**室內自然通風**可有效降低室內空氣中微生物的數量，改善室內空氣品質。

如果感到身體不適，應**及時就醫**，以做到早發現、早診斷、早隔離、早治療。

流行病高峰期間，應儘量**避免到公共場合或人口密集的地方**，並戴上口罩，以減少被感染的機會。

多運動，增強免疫力。

國家圖書館出版品預行編目（CIP）資料

小太陽奇遇探險王～天災警報系列 2《喪屍圍城》
流行病篇／蘇錦潤，林敬為著；俞德業繪 .-- 初版 . --
臺北市：臺灣東販股份有限公司, 2024.01
136 面；14.8×21 公分
ISBN 978-626-379-178-7（平裝）

1.CST：流行病學 2.CST：防災教育 3.CST：安全教
育 4.CST：兒童教育

528.38　　　　　　　　　　　112020509

本書原版由合力出版（馬）有限公司在馬來西亞出版，今授權台灣東販股份有
限公司在台灣、香港、澳門出版發行其中文繁體字版本。該出版權受法律保護，
未經書面同意，任何機構與個人不得以任何形式進行複製、轉載。

小太陽奇遇探險王～天災警報系列❷

《喪屍圍城》流行病篇

2024 年 1 月 1 日初版第一刷發行

著　　者　蘇錦潤、林敬為
漫　　畫　俞德業
主　　編　陳其衍
美術編輯　林泠
發 行 人　若森稔雄
發 行 所　台灣東販股份有限公司
　　　　　＜地址＞台北市南京東路 4 段 130 號 2F-1
　　　　　＜電話＞(02)2577-8878
　　　　　＜傳真＞(02)2577-8896
　　　　　＜網址＞ http://www.tohan.com.tw
郵撥帳號　1405049-4
法律顧問　蕭雄淋律師
總 經 銷　聯合發行股份有限公司
　　　　　＜電話＞(02)2917-8022

益智
學習單

01

流行病有許多特徵，以下何者不屬於流行病的特徵？

A. 有病原體　　B. 傳染性　　C. 季節性　　D. 人種性

02

傳染病痊癒後，人體不會對同一種傳染病病原體再次感染，這種特徵稱為是？

A. 地方性　　B. 免疫性　　C. 有個性　　D. 流行性

03

流行病傳播方式廣，受感染的母體透過胎盤將疾病傳染給胎兒的方式稱為？

A. 垂直　　B. 飛沫　　C. 血液　　D. 蟲媒

04

有些病原體能夠在空氣中自由浮動，透過空氣做為媒介而讓人透過哪種人體系統受到感染？

A. 循環系統　　B. 消化系統　　C. 呼吸系統　　D. 神經系統

05 世界衛生組織為了促進流行病和地方病的防治，而將流感大流行警戒級別分為幾級？

A. 7級　B. 6級　C. 5級　D. 4級

06 依世界世界衛生組織的規範，當流行病達到第幾級的時候，需做出反應與緩解措施？

A. 第4級　B. 第3級　C. 第2級　D. 第1級

07 世界衛生組織在非洲、美洲、歐洲、東地中海、東南亞、西太平洋6個地區設有辦事處，東南亞的辦事處總部是位於？

A. 曼谷　B. 吉隆坡　C. 新德里　D. 胡志明市

08 下列何種病毒於1980年被世界衛生組織宣布已被撲滅，在世上絕跡？

A. 天花　B. 口蹄疫　C. 新冠肺炎　D. 登革熱

09 依台灣「傳染病防治法」規定，以下哪一類傳染病，患者在確診24小時內需通報主管機關，並應於指定隔離治療機構施行隔離治療？

A. 第一類　B. 第三類　C. 第四類　D. 第五類

10 流行病是致命性的災害之一，而為了保護易受感染的人群，會以何種醫療方式方式提升免疫能力？

A. 藥物預防　B. 疫苗接種　C. 化學治療　D. 手術治療

11 曾在19世紀奪走數百萬人生命的霍亂，當初大多是因下列何種方式而受到感染？

A. 受到蚊蟲叮咬　B. 攝入受感染的食物或水
C. 被動物咬傷　D. 飛沫傳染

12 依台灣「傳染病防治法」規定，這幾年肆虐的新冠肺炎已經在2023年5月1日降為第幾類法定傳染病？

A. 第一類　B. 第二類　C. 第三類　D. 第四類

解答

01：**D**　02：**B**　03：**A**　04：**C**

05：**B**　06：**A**　07：**C**　08：**A**

09：**A**　10：**B**　11：**B**　12：**D**

答對10～12題

真厲害！你是流行病知識小高手，已經把本書的流行病相關知識都吸收成自己的知識了喔！

答對7～9題

雖然有些流行病知識還沒有吸收，但已經很棒了，只要再複習一下，一定可以答對更多題。

答對4～6題

喔喔！竟然有一半的題目沒答對，我還有很大的進步空間，讓我再好好的從頭閱讀一遍！

答對0～3題

OMG！我只答對這麼少題，到底是哪些內容沒看懂呢？我要更認真學習一下才行！